Gery Wolf

Naturpark Grebenzen

GERY WOLF

NATURPARK
Grebenzen

Mit einer Einführung von Horst Friedrich Mayer

:STYRIA

Horst Friedrich Mayer

Im Herzen aufbewahren

Grebenzen – ein Wort, das ebenso freundlich-altmodisch klingt wie es Geborgenheit und Wärme vermittelt. In meiner ORF-Fernsehserie „Heimat", die nicht nur vielen Zuschauern, sondern auch dem Gestalter viel Freude gebracht hat, standen stets solche Regionen (und die Menschen, die dort leben) im Vordergrund, die es nicht verdienen, weniger bekannt zu sein als die glanzvollen Namen des österreichischen Tourismus. Da gab es immer viel zu entdecken, was dort an verborgener Schönheit blüht, und immer wieder wurde ich erstaunt gefragt: „Wie finden Sie denn eigentlich diese Regionen, wir haben ja immer geglaubt, unsere weitere Umgebung gut zu kennen und erfahren erst aus dem Fernsehen, wieviel unentdeckte Schönheit es gar nicht so weit entfernt zu bestaunen gibt!" Solche Reaktionen haben mich immer sehr gefreut, denn auch ich habe lange geglaubt, unser Land bis in den letzten Winkel im Laufe der Jahre für mich entdeckt zu haben und wurde doch immer wieder eines Besseren belehrt.

Die Grebenzen also: ein uralter Weg, der Wien und das östliche Österreich mit dem Süden, mit dem Meer verbindet, führt direkt daran vorbei, man weiß gerade noch, dass sich dort eine Nord-Süd-Wasserscheide befindet, die den Zufluss von Drau – also nach Süden – und Mur – nach Norden – trennt. Und die Grebenzen ist ein Stück Heimat, das näher in Augenschein zu nehmen man sich im Auto oder im Zug beim Vorbeifahren immer wieder vornimmt und wohin einen der glückliche Zufall ja letztlich doch eines Tages gezielt hinführt. Eine großzügige Jagdeinladung ließ mich für kurze Zeit Aufenthalt nehmen, und da hatte ich nicht nur die Freude, einen braven Brunftbock zu erlegen, sondern auch das Vergnügen, die Grebenzen, ihre Schönheiten und ihre Geheimnisse, genauer kennenzulernen.

Zunächst enträtselte sich der Name: Wer offenen Ohres durch den Naturpark wandert, dem klingen viele Hof-, Flur- und Ortsnamen slawisch – was die Wissenschaft durchaus zu bestätigen in der Lage ist. Denn schon der Name „Gras-lupp", also die alte Bezeichnung für das Land um Neu-markt, dessen Teil eben auch die Grebenzen ist, deutet auf slawischen Ursprung, bedeutet „reißendes Wasser", an dem es der ganzen Region ja nicht eben mangelt. Und Gre-benzen wiederum hängt entweder mit „greben" (Berg-kamm) oder „gravenica" (Kuhberg) zusammen. Wie wun-derbar präsentiert sich doch die Siedlungsgeschichte unse-rer Heimat, die, kommt man erst einmal dahinter, das span-nende Erlebnis eines eben entzifferten Buches bietet, denn, so der Historiker Walter Brunner, „sicher gibt es noch mehr slawisches Namensgut in unserem Gebiet, zum Teil nur noch in alten Urkunden und Handschriften nachweisbar, zum Teil aber noch heute im Gebrauch ... die seit dem Ende des 6. Jahrhunderts einsetzende slawische Besiedelung der Ostalpen (hat) auch das Neumarkter Gebiet umfasst ... unser Gebiet gehörte damals zum slawischen Fürstentum Karantanien, dessen Mittelpunkt auf der Karnburg am Zoll-feld zu suchen ist und dessen Machtbereich die ganze Ober- und Weststeiermark umfasst hat."

Vorher waren die Römer da, nachher die Baiern, die von den bedrängten Karantanen zu Hilfe gegen die Awaren ins Land gerufen wurden, dann regierten die Fürstbischöfe von Salzburg, schließlich wurde die Region steirisch (auch wenn die Bewohner sich als Kärntner fühlten), dann wurde die Grebenzen österreichisch und ist es bis heute. Steirer, die eigentlich Kärntner sein wollen? Man muss nur ihrer Sprache und ihren Liedern zuhören, in denen das raue Obersteirische der Mundart durch den weichen Kärnt-ner Klang hörbar gemildert scheint. Die vielen Bindungen zum unmittelbaren südlichen Nachbarn, vor allem nach Friesach, sind auch in unseren Tagen noch deutlich zu spüren.

Das alles geht dem Wanderer durch die Grebenzen durch den Kopf. Aber dann stößt er sehr schnell auf Schritt und Tritt auf Zeugnisse einer noch viel weiter zurückreichenden Vergangenheit, denn weite Bereiche des heutigen Natur-parks Grebenzen haben ihr heutiges Aussehen der Eiszeit zu verdanken. Ein eigens angelegter Wanderweg verbindet einige der eindrucksvollsten eiszeitlich geprägten Gelände-formen miteinander und führt somit durch eine Landschaft, die wie kaum eine andere in Österreich durch die Gewalt des Eises während der letzten Eiszeit geprägt ist. Man muss kein Geologe sein, um die vielen Zeichen entlang des in rund fünf Stunden zu bewältigenden Rundweges richtig zu deuten. Ein vom Verein Naturpark Grebenzen herausgege-bener hervorragend gestalteter Führer findet genau den richtigen Ton, der den Naturfreund die noch immer sichtba-ren Spuren der riesigen Gletscherlandschaft leicht erken-nen und verstehen lässt.

Heute ist diese Grebenzenregion also steirischer Naturpark, und das wird so definiert: Ein Symbol für eine ökonomisch und ökologisch intakte Vorzugslandschaft, diese liegt südlich des Alpenhauptkammes im Bezirk Murau in der Steiermark und weist eine Fläche von rund 20 Quadratkilometern auf. Der Naturpark – der erste in der Steiermark – liegt in einer Seehöhe von 800 bis 2.400 Metern. Acht Gemeinden gehören dazu: Dürnstein, Neumarkt, Mariahof, Perchau, St. Blasen, St. Lambrecht, St. Marein und Zeutschach. Der „Hausberg", Namensgeber des Naturparks, ist die Grebenzen selbst, vorspringender Teil eines aus Kärnten kommenden mächtigen Kalkstockes, der gegen Kärnten relativ steil abfällt, sich aber gegen Norden abflacht. Auf die Grebenzenhöhe zu kommen ist kaum anstrengend, aber die Fernsicht kann sich sehen lassen – ich war an einem klaren Tag oben und hatte einen prachtvollen Ausblick in alle vier Himmelsrichtungen: man spürt den Süden, und das Auge bestätigt das Gefühl. Im Süden erblickt man die Karawanken, die Julischen Alpen mit Triglav und Mangart sowie die Steiner Alpen, ja man glaubt sogar im glitzernden Horizont das Meer zu erahnen; schaut man nach Westen, sieht man den Ankogel und die Hochalmspitze, dreht man sich um, also gegen Osten, so hat man die Seetaler Alpen mit dem Zirbitzkogel greifbar nahe, im Norden erblickt man die Niederen Tauern und das Gesäuse. Zu Füßen aber sieht man die Klosteranlage des Benediktinerstiftes St. Lambrecht und

rundherum die Häuser der kleinen Marktgemeinde. Überall sind Klöster in einer Region Mittelpunkt eines starken und von sensiblen Besuchern auch oft deutlich spürbaren Kraftfeldes. Bereits um 1066 lässt sich eine dem Hl. Lambert geweihte Kirche nachweisen. Wie eine Festung liegt das Stift heute da, und tatsächlich wurde St. Lambrecht schon im 15. Jahrhundert mit Mauern und Gräben umgürtet, um in unsicheren Zeiten neben der geistigen Führungsrolle in der Region auch eine weltlich-militärische als sicherer Zufluchtsort für die Bewohner zu übernehmen. 1786 wurde das Kloster im Sinne der Reformen Josefs II. aufgehoben – die verheerenden Auswirkungen standen denen der Brandkatastrophe von 1471 um nichts nach. Erst 1802 durften die Benediktiner zurückkehren, aber vieles blieb für immer verloren, vor allem an Kunstschätzen.

„Anlehnen, festhalten, fallen lassen. Energie auftanken und aus dem Vollen schöpfen. Wieder Bäume ausreißen können, tief verwurzelt in sich selbst" – das und nicht irgendwelche Großveranstaltungen schlagen die dortigen Tourismuszuständigen ihrem Gast vor. Das gefällt mir, und das spürt man, denn der Naturpark Grebenzen ist natürlich ein Bad, ein Heilbad der besonderen Art: Keine Badekurort, der körperliche Beschwerden vorübergehend lindert, nein, wer dorthin fährt, der macht eine Badekur in einem „Seelenbad", die freilich keine Fastenkur sein muss: Vieles, das in den Gasthäusern der Region angeboten wird, liefern die ökologisch wirtschaftenden Bauern zu. Und weil zur Seele ja auch ein gesunder Leib gehört, kann sich auch das Menü sehen lassen: Wie wäre es denn etwa mit einem geräucherten Forellenfilet als Vorspeise, gefolgt von einer klaren Rindsuppe mit Kaspressknödeln und als Hauptgang ein Rindsbraten aus dem Naturpark? Wär' dann noch Platz für Joghurtnockerln mit Waldbeeren und, als Abschluss, für eine Naturpark-Käseplatte? Man kann viel zu Fuß gehen in der Grebenzen oder per Fahrrad unterwegs sein, das wiederum macht gesunden Appetit.

Wenn ich zurückdenke an die Augusttage vor einigen Jahren, was fällt mir sofort ein, hält die Erinnerung fest? Vielleicht die zahlreichen, frei zugänglichen Teiche inmitten einer großartigen Kulturlandschaft, die neben Wiesen, Feldern und Wäldern den Naturpark Grebenzen prägen, ein in die von eiszeitlichen Gletschermassen sanft geformte Neumarkter Passlandschaft eingebettetes Stück Heimat im steirischen Bezirk Murau. Oder die Ursprungsquellen in Zeutschach und Pöllau, deren Wasser überschäumende Lebenskraft für die Grebenzen ist? Das geheimnisvolle Dürnberger Moor, das Steinschloss hoch über dem Murtal, höchste Burgruine der Steiermark und zugleich noch immer wehrhafter, verwitterter Zeuge für die jahrhundertlange strategische Bedeutung der uralten Nord-Süd- und Ost-West-Verbindungen. Oder ein Rehbock-„Gwichtl", dazu der unvergessene sommerliche Geruch eines letztlich erfolgreichen morgendlichen Pirschganges? Oder vielleicht doch die in einem Wanderführer an die Besucher des Naturparks gerichtete Bitte, auf jene Lebewesen Rücksicht zu nehmen und sie nicht durch Lärm zu erschrecken, deren eigentlicher Lebensraum seit urdenklichen Zeiten der Wald ist: die Wildtiere? Dort, wo die kostbaren Erinnerungen gehütet werden, soll das aufbewahrt bleiben: nicht im Kopf, wohlgemerkt, sondern im Herzen. Auch das, so meine ich, gehört zu einem liebenswerten und wohl auch nicht zuletzt deshalb so erfolgreichen Ökomodell wie dem Naturpark Grebenzen.

Die Dietmoar-Hube (Alm) über dem Perchauer Sattel
wird heute als Ferienhaus genützt

„Pfabenbacher"-Wohnhaus
mit „französischem Dachstuhl" (Perchau)

Perchauer Sattel (1005 m), höchster Punkt der Straßenverbindung
Wien–Triest

Thomas Lassacher vulgo Schlurtbauer bei der
Oberflächenpflege des bekannten Perchauer Bergkäses

Blick von Perchau zum Grebenzen-Kalkstock

Neumarkt in Steiermark (847 m)
mit Europahaus Schloss Forchtenstein

Bürgerhäuser am Hauptplatz von Neumarkt

Unvergessen im Auge behalten:
Komme was wolle, Gott hilft den Seinen!
Einer für alle — alle für einen!

Eingang zum „Haus der Landwirte"
am Neumarkter Hauptplatz

„Bauernsilvester"
(30. Dezember) am Hauptplatz

Die „Häferlwirtin" Maly Steiner führt meist persönlich
durch das weit über die Grenzen bekannte „Häferlmuseum"

Die Marktgemeinde Neumarkt ist mit ihren vielen Geschäften, Handwerksläden,
Kaffeehäusern und Gasthöfen gesellschaftlicher und wirtschaftlicher Mittelpunkt
im Naturpark Grebenzen

Zeugen der Eiszeit – vor ca. 12.000 Jahren entstanden die Gletschermühlen (hinter der Pfarrkirche von St. Marein gelegen)

Der Zirbitzkogel (2396 m) in den Seetaler Alpen von St. Marein bei Neumarkt aus gesehen

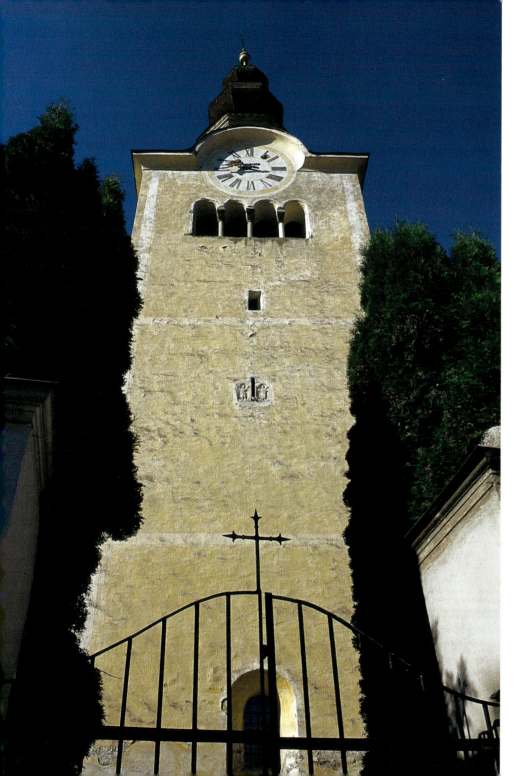

Der mächtige romanische Turm der
Pfarrkirche St. Marein

Garteneingang in Schloss Lind
bei St. Marein

Schloss Lind – das „Andere Heimatmuseum"
(ehemalige KZ-Außenstelle 1942–45)

Installation (Aramis)

„Vom Samen zum fertigen Leinen".
Exkursion in die kunstgewerbliche Handweberei der Familie Mayer-Schaffer in St. Marein

Dekorative Holzschalung im Giebelbereich
des Webereihauses (St. Marein)

Brotbacken am Biobauernhof der Familie
Preiss vulgo Moar in Greith (St. Marein)

Pfarrkirche von Greith (St. Marein),
dem Heiligen Martin geweiht

Kluppenbauer in Greith bei St. Marein

Alpen-Fleckvieh beim „Abweiden" in Oberberg (St. Marein)

Durch Blitz und andere Witterungseinflüsse geformte Linde –
markante Station des Pöllauer Forstlehrpfades

Pöllau (1146 m), die kleinste Pfarre der Steiermark.
Pfarrkirche aus dem 12. Jh., dem Heiligen Leonhard geweiht, dahinter die Seetaler Alpen

Leonhard-Bildstock im Ahornhain
der Familie Mandl vulgo Fritz in Pöllau

Der idyllisch gelegene Pöllauer Ursprung (St. Marein) –
eine der großen Karstquellen des Grebenzen-Kalkstockes

Butter- und Käseerzeugung am Zeischglhof in Mitterberg (St. Marein),
begehrte Veranstaltung im Naturpark-Sommerprogramm

Der prachtvoll gelegene Dressurplatz des Reiterhofes
der Familie Leitner vulgo Steiner in Pöllau (St. Marein)

Entlang der romantischen Graggerschlucht
führt ein Wasserschaupfad von
Mühldorf/St. Marein nach Zeutschach

„Was(s)erleben" am Kaskadenwasserfall
in der Graggerschlucht

Wechselspiel von Wasser und Eis

Die Graggerschlucht in perfekter Winterinszenierung

Zeutschacher Ursprung – ein Karstphänomen am Fuße des
Grebenzen-Kalkstockes

Aus der Tiefe des Quellbeckens sprudeln über 1000 kleine
Quellen, insgesamt 90–120 Liter pro Sekunde

Das reine, sauerstoffreiche Ursprungswasser
(konstant 5−7 Grad Celsius) begünstigt einen interessanten Pflanzenbewuchs

Im nährstoffarmen Wasser lassen sich prächtige
Forellen beobachten

Im Kräuterschaugarten der Familie Seidl vulgo Moser in Zeutschach sind über 70 verschiedene Heilkräuter zu besichtigen, im Vordergrund die Ringelblume

Zeutschacher Frühlingsstimmung

Auch Schafe (hier mit wenige Tage altem Nachwuchs) beherr-
schen das Landschaftsbild im Naturpark

Zufahrt zum Muhrenteich (Zeutschach). Die Bewirtschaftung durch die
Bauern schafft malerische Formen in einer intakten Kulturlandschaft

Zahlreiche Naturpark-Erlebnisstationen animieren auf
einfache Weise Seele, Geist und Körper

Spiegelung im Muhrenteich (Zeutschach)

Der Muhrenteich gilt als Eldorado für
Fischer ...

... der kleine Grasluppteich (Zeutschach) ist im Sommer auch
ein Paradies für „Wasserratten"

Fischen ist in Zeutschach ein großes Thema – in der Fischfarm
Peinhaupt gewinnt man Einblick in die Aufzucht und Verarbeitung

Birkengruppe im „Herbstkleid" spiegelt sich im
Graslupteich

Im Naturpark wachsen Ebereschen nicht nur zur Zierde, – einige Landwirte
brennen daraus köstlichen Vogelbeerschnaps

Wege und Zäune durchlaufen in Mäandern die Landschaft

Wem ein Pirschgang zu zeitaufwändig ist, kann das Wild auch
im Gehege beobachten

Das Zeutschacher Hochplateau wird im Nordwesten vom Kalkberg (1591 m) begrenzt.
Trotz des vielen Kalkgesteins ist das Düngen mit Kalk zur natürlichen Bodenneutrali-
sierung immer wieder sinnvoll

Patroziniumsfest (Anfang September)
zu Ehren des Heiligen Ägidius (Zeutschach)

Zeutschach (1043 m) präsentiert sich in harmonisch
geschlossener Form. Im Hintergrund Plischaitz und Niedere Tauern

Mariahof – üppige Herbstbegrünung (Senf) als
Zwischenfruchtanbau

Mariahof – Zwischenfruchtanbau im darauf folgenden März.
Im Hintergrund die Seetaleralpen mit Zirbitzkogel

Am Ferienbauernhof der Familie Sperl vulgo Schleifer am Adelsberg in Mariahof befindet sich eine kleine Schnapsbrennerei. Abgießen des Maische-Rückstandes nach dem Raubrand

„Schmieden wie in alten Zeiten" – die Hausschmiede
der Familie Neumann vulgo Schauer in Diemersdorf (Mariahof)

450 m über der Talsohle der Mur thront in exponierter Lage
die Ruine Steinschloß (Mariahof)

Die riesige, fünftürmige Wehranlage ist die höchstgelegene Burgruine der
Steiermark (1150 m) und wurde im 12. Jahrhundert erstmals erwähnt

Hoch über Mariahof liegt die Hochegger-Alm. Im Sommer bewirtschaftet Frau Grießner
als Sennerin den beliebten Ausflugspunkt ...

... ihr Sohn hilft am Wochenende aus

Als „Näpfchenstein" wird diese kleine, eiszeitliche Gletscher-
mühle in Adendorf (Mariahof) bezeichnet

Die mittelalterliche Wehrkirchenanlage von Mariahof (963 m) liegt auf
einem alten Kulthügel und ist Schauplatz zahlreicher kultureller Ereignisse

Dieses Latschenhochmoor (ca. 16 ha) wurde für interessierte Besucher durch Stege und einen Aussichtsturm zugänglich gemacht

Das Dürnberger Moor (Mariahof) ist wertvoller Zeuge für die Entwicklung der Neumarkter Passlandschaft seit der letzten Eiszeit und ist Lebensraum einer hochspezialisierten Tier- und Pflanzenwelt

Zu Zeiten des Vogelzuges im Frühjahr und Herbst gleicht der Furtnerteich einem „internationalen Flughafen"

Idyllisches Biotop der „Pater-Blasius-Hanf-Vogelforschungsstation" am Furtnerteich (Mariahof)

In dem bedeutenden Vogelschutzgebiet wurden bisher knapp
250 Arten nachgewiesen

Ein hungriger Haubentaucher hat seine Mahlzeit
gefunden

Der Furtnerteich in Mariahof gehört zu den
begehrtesten Ausflugszielen der Region ...

... und ist ein Geheimtipp für Fischer

Wenn die Natur ruht, wird der Furtnerteich zu einer
riesigen Eis-Arena

Der Eiszeitwanderweg von Mariahof nach St. Lambrecht führt entlang
einer Reihe von typischen Geländeformen

Imposante Station in St. Blasen ist der Thajagraben
mit den Erdpyramiden

Der Stall beim „Kirchmoar" in St. Blasen.
Mit viel Gespür wurde hier die Farbe des Blumenschmuckes gewählt

Die architektonisch ungewöhnliche Kirche von St. Blasen

Riegelschloss eines Holzgatters

Der Aufstieg zur Mariahilf-Kapelle am Mühlsteinboden (1544 m) in St. Blasen wird mit einem herrlichen Rundblick in die Niederen Tauern und Seetaler Alpen belohnt

Dieser Stadl ist deutlich von der Witterung „gezeichnet",
seine Funktion als Unterstand erfüllt er dennoch

Wie ein Bachlauf schlängelt sich diese Straße in der Karchau dahin (St. Blasen)

Abwechslungsreiche Mountainbike-Routen führen an die schönsten Stellen im Naturpark

Der Podulerteich oberhalb von St. Blasen ist einer der höchst romantischen Plätze in der Teichlandschaft des Naturparkes

Über das Alter dieser „unfassbaren" Buche kann nur gerätselt werden,
der Umfang beträgt jedenfalls 5,70 Meter

Die „Drei Buchen" in Karchau (St. Blasen) sind ein gemütlich
erreichbares Wanderziel

Benediktinerabtei St. Lambrecht mit 3-schiffiger gotischer
Hallenkirche

Prächtige Südfassade aus dem 18. Jahrhundert
mit Stiftstor

Ikonen werden nicht „gemalt", sondern „geschrieben" –
hier durch Abt Otto Strohmaier

Die Stiftskirche von St. Lambrecht von Nordwesten,
vorgelagert das Granarium (Kornspeicher) aus dem
17. Jahrhundert

Im Anschluss an die Stiftskirche befindet sich der Kreuzgang
(Quadratur) mit 36 Arkaden

Clausura – der innerste Bereich des Klosters beherbergt die Zellen und Gemeinschaftsräume der Mönche.
In St. Lambrecht umschließt die Klausur den Kreuzgang

Stiftshof – Sandsteinstatuen schmücken die Bastei
gegenüber der frühbarocken Stiftsfassade, im Bild die Heilige Maria

Kunsthistorische und volkskundliche Sammlung sowie die bekannte
Vogelpräsentation bilden den Kern des Stiftsmuseums

Im Trattenhof der Familie Wildenberg kann
man das Töpferhandwerk kennenlernen

Der Marktplatz von St. Lambrecht (1028 m)

Bei besonderen Wallfahrten wird die Messe unter freiem Himmel gefeiert

Kreuzwegstationen geleiten den Wallfahrer von St. Lambrecht
und auch von Zeutschach nach Maria Schönanger (1335 m)
– hier im Spiegelbild des nahen Wirtshauses

Der Wasser-Knöterich bildet im Sommer rosa
Blüteninseln

Der Auerlingsee ist bequem von St. Lambrecht aus zu erreichen,
baden und fischen schließen sich an diesem herrlichen Waldplatz nicht aus

Gemütlich geht es auf den Grebenzenhütten zu, hier auf der Dreiwiesenhütte
(1770 m) der Familie Kerschbaumer

Blick von der 2. Grebenzenhöhe (1874 m)
Richtung Westen

Den ersten Schnee gibt es manchmal schon Ende Oktober,
dann heißt es „Winterwandern"

Geruhsam und besinnlich ist der sonnige Schönangerboden

Etwas später heißt es dann „Rauf auf den Berg ...“

Jung und Alt erfreuen sich an den gepflegten Pisten
der Grebenzen-Lifte (1000–1900 m)

Nachfolgende Doppelseite:
Zirbitzkogel (2396 m) – vielgeliebter Wander- und Schitourenberg in den Seetaler Alpen

Naturpark
Grebenzen

ZEICHENERKLÄRUNG

- Tourismusverband, Information
- Gastwirtschaft, Verpflegung
- Informationstafel
- Museum
- Parkplatz
- Rastplatz
- Kinderspielplatz
- Schloss
- Fahrrad- u. Mountainbike-Verleih
- Tennisplatz
- Sportplatz
- Fitness-Parcours
- Reitstall
- Badeplatz, Schwimmbad
- Bootfahren
- Fischen
- Aussichtsturm
- Naturbike-Marathon
- Themen-Wanderwege
- Aussichtspunkt
- Langlaufloipe
- Rodelbahn
- Thermalbad Wildbad Einöd
- Ziele des historischen Wanderns

© Graphic Brandy, Klagenfurt

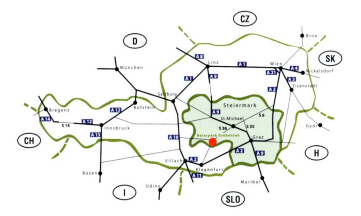

Die Deutsche Bibliothek - CIP-Einheitsaufnahme
Naturpark Grebenzen / Gery Wolf. –
Graz : Verlag Styria, 2002
ISBN 3-222-12981-9

Titelbild: Furtnerteich

© 2002 by Verlag Styria GmbH&CoKG, Graz
www.verlagstyria.com
Umschlaggestaltung: Andrea Malek, Graz
Reproduktion, Druck und Bindung: Carinthian Bogendruck, Klagenfurt
Gedruckt auf Magno Star von **sappi**.
ISBN 3-222-12981-9